ISBN 978-0-331-50279-4
PIBN 11201773

PAUL DUDON

L'Action de Benoît XV *pendant la guerre*

ADAPTÉ DE L'ITALIEN

AVEC UNE PRÉFACE

PARIS
GABRIEL BEAUCHESNE

1918

'Action de Benoît XV pendant la guerre

PAUL DUDON

L'Action de Benoît XV pendant la guerre

ADAPTÉ DE L'ITALIEN

AVEC UNE PRÉFACE

PARIS
GABRIEL BEAUCHESNE
Rue de Rennes, 117

1918

PRÉFACE

La *Revue de Paris* estime venue l'heure de l'échenillage des consciences politiques. M*** s'est chargé de l'opération.

Qu'on ne s'y trompe pas : il n'est pas question de regarder de près, le fer à la main, la politique de M. Malvy et de M. Caillaux, celle de M. Ribot et de M. Painlevé, celle des quatre présidents du conseil qui ont étonné la France, beaucoup plus que la Haute Cour, en juillet dernier.

Des pages calmes et impitoyables, sur les erreurs, les contradictions, les insuffisances de toutes ces politiques, auraient eu pourtant leur utilité. Les poilus, tout entiers à la guerre, la grande foule des Français de l'arrière, tout entiers à travailler et à pleurer, ou à jouir, n'ont guère réfléchi sur la chose publique. Dans un pays régi par le suffrage universel, à cause même de l'abondance des journaux payés ou passionnés, la réflexion civique est aussi rare qu'elle serait indispensable. Quel éminent service que de provoquer l'attention des électeurs sur les responsabilités des gouvernants! Les ministres et les majorités qui furent leurs complices sont fort loin de savoir, ou de se rappeler, l'exact degré de leur malfaisance. Et combien le pays aurait besoin d'être débarrassé de commis aussi médiocres, aussi incohérents et aussi pusillanimes! Aider à ce renvoi est une besogne patriotique, qui s'offrait aux travailleurs de la *Revue de Paris*, en souci de la sécurité nationale.

Que si la *Revue* tenait absolument à regarder hors de nos frontières, elle aurait pu énumérer, sans amertume comme sans faiblesse, les inconvénients de l'*egoismo sacro* des Italiens, les suites de la roideur britannique, le péril de quelques abstractions américaines. La politesse envers des alliés est une grande chose; la vérité en est une plus grande. La France a assez souffert, assez tenu, assez éclairé la marche victorieuse des armées, pour avoir le droit de parler haut, même à ses amis.

Toute vérité n'est pas bonne à crier sur les toits, dira-t-on ; et il y a une censure. Soit. Mais alors un autre problème se pose. La censure, qui n'aurait pas permis à une grande revue parisienne de domier aux alliés des leçons publiques, si justes soient-elles, a laissé outrager le pape, de qui le gouvernement français a sollicité et obtenu pendant la guerre de grands services ; et qui, en dépit de la loi de 1905, demeure le chef spirituel de cent millions et plus de catholiques français, belges, italiens, anglais et américains. Au nom de quelles convenances et de quel intérêt national, un si haut personnage, créancier du pays, a-t-il été livré à de basses attaques de presse ? M*** le saura peut-être.

En tous cas, voici son thème, dans la *Revue de Paris*. L'Entente, la France ont un ennemi des plus redoutables : l'homme blanc qui veille au pied de la colline vaticane. Son action politique, pendant la guerre, a été énorme, tortueuse, néfaste ; elle a menacé de dislocation l'unité française et l'unité de l'Entente.

Heureusement M*** était là ; après quatre ans, il jette son cri d'alarme ; dénoncer le péril c'est le conjurer, surtout quand la guerre est virtuellement finie.

Lorsqu'on a écouté jusqu'au bout les histoires que M*** raconte en deux articles, et qu'on s'efforce d'en coordonner les dates, on s'aperçoit que beaucoup de ces histoires sont vieilles et ressassées. Que conclure ? Que M*** a la découverte difficile ou un courage à explosion retardée ? Peut-être. Il est pourtant plus vraisemblable que cette lenteur est un calcul.

A l'heure où paraît le premier article de M*** dans la *Revue de Paris* (15 octobre), la victoire est certaine. La Bulgarie a capitulé, la Turquie est perdue, l'Autriche a demandé une discussion confidentielle en vue de la paix, l'Allemagne sonde les dispositions du président Wilson ; les soldats de l'Entente occupent la Syrie, bordent le Danube, sont à Vouziers, aux portes de Lille et à Bruges. A Paris, une affiche artistique, annonçant le quatrième emprunt français de la guerre, représente le kaiser l'épée brisée, marchant à sa destinée, la tête basse et les épaules courbées, sous le souffle irrésistible des drapeaux alliés portés en avant par d'invisibles mains. Et chacun sent que ce symbole n'est point une fanfaronnade.

Le sang des morts, l'héroïsme des poilus, l'énergie lucide d'un grand chef, l'effort américain, le sursaut anglais, certains gestes d'un premier ministre résolu, ont acculé l'Allemagne à demander grâce. Commencée sur le front oriental, sa déroute va s'achevant sur nos frontières. L'armistice est en vue. Demain ce seront les préliminaires de paix ; demain ce sera le Congrès de Versailles.

Or il est un homme dont la Russie, l'Angleterre et la France, en 1915, ont juré, dans les mains de l'Italie, qu'il ne serait, en aucun cas, admis au Congrès de la paix (1). Un tel pacte est

1. Cet article 15 du traité de Londres (26 avril 1915) a été avoué, le 6 décembre 1917, à la Chambre des Communes, par Lord Cecil. Il est le pendant de l'exclusion prononcée contre le pape, en mai 1899, à la demande de l'Italie, sur la question de savoir si un représentant de Léon XIII serait admis à la Conférence de La Haye.

très sot, de bien des façons, et il est une injure à tous les catholiques de France et de l'Entente. Qu'importe ? Peut-être l'animosité anticléricale de notre gouvernement a-t-elle besoin d'être réveillée, pour ne point faiblir au moment décisif. Si l'action charitable de Benoît XV pendant la guerre, si même son programme de paix internationale mieux apprécié dans le recul du temps, allaient inspirer à l'Entente quelques vagues remords... Ah! quel suprême malheur! Vite, qu'on rende le pape odieux, pour le rendre impossible. Alors l'Europe chaotique, qui déjà tente de s'organiser, s'organisera sans lui ; 1918 ne reproduira pas 1815 ; et l'Italie de M. Sonnino, pour se consoler de ne point gagner tout ce qu'elle prétendait, aura au moins la certitude qu'un nouveau Consalvi ne soulèvera pas, devant les peuples, la question romaine.

Voilà qui est intelligent, politique, magnanime.

Il se peut que M*** se défende d'avoir fait une minute ce beau raisonnement. On accordera tout de même que, s'il l'avait fait, il aurait publié précisément les articles parus dans la *Revue de Paris*, le 15 octobre et le 1er novembre 1918.

*
* *

Ceci déclaré, venons au procès fait à la politique de Benoît XV. La *Revue de Paris*, sur la déposition de M***, cite à la barre de l'opinion le pape qui demeure, en droit international, le souverain le plus considérable du monde. — Aucun tribunal n'admet, même contre les pires scélérats, les témoignages anonymes.

M*** fait savoir, pour mieux accréditer ses intentions et ses dires, qu'il est catholique. — Ce catholicisme sera d'une essence à part, puisque M*** ignore certains préceptes du Décalogue qui défendent la calomnie, la malveillance, la perfidie, la témérité, etc., et certain autre précepte qui enjoint aux fils de l'Église d'honorer le Père des pères.

La déposition du témoin masqué, et médiocre chrétien, qu'est M***, tient en une phrase : Benoît XV a deux politiques, l'une officielle et apparente et qui est impartiale ; l'autre secrète et réelle et qui est de servir l'Allemagne.

Depuis les derniers mois de 1914, nous connaissons ce langage ; il a été tenu dans les journaux, les revues, les clubs, les salons. Une campagne existe — le mot est juste ici — pour répandre cette opinion partout.

Dans sa lettre du 22 mai 1918, à l'épiscopat lombard, Benoît XV a dénoncé « à la conscience des fidèles et à celle de tous les honnêtes gens », les échos persistants de ces calomnies haineuses. « Gardien de l'honneur de l'Église », il a protesté hautement contre le système de ceux qui « faussent ses paroles, suspectent ses intentions, incriminent son silence », comme s'il absolvait la guerre sans foi ni loi, et souhaitait la paix sans justice. Par cette protestation solennelle, qui date de six mois, le pape rendait caduques par avance les assertions de M***. A moins de croire que le christianisme de M*** est de qualité très supérieure à celui de Benoît XV, le procès est jugé.

Mais la discussion ne nous fait pas peur ; et nous allons voir de près ce que contient la déposition anonyme recueillie, comme un rare trésor, par la *Revue de Paris*.

Les moyens de démonstration de M*** consistent : 1° à écarter les textes officiels émanés du Vatican parce qu'ils sont, à ses yeux, « pour la plupart équivoques, et sujets à deux interprétations contradictoires » ; 2° à faire état de « commentaires officieux, d'interviews, de campagnes de presse, d'innombrables manifestations, qui, étudiées ensemble, sévèrement critiquées, contrôlées les unes par les autres, donnent leur sens authentique aux textes officiels et aux actes publics, manifestent les secrets penchants et révèlent, avec le secret de certaines démarches diplomatiques qui se croyaient plus sûrement dissimulées, le vrai jeu de la politique vaticane (1) ».

M***, qui a dû faire des études historiques

1. *Revue de Paris*, 15 octobre 1918, p. 882-883.

supérieures, ne manque pas d'observer que pour aboutir à des conclusions solides avec de pareils éléments d'information, il faut être « en mesure d'attribuer à chaque document sa valeur et d'accorder à chaque source le crédit dont elle est digne ». M*** ne dit pas expressément qu'il est « en mesure », lui. Mais il le pense, sinon il n'eût pas publié son réquisitoire. Nulle part il n'affirme, mais toute sa manière d'argumenter donne à entendre que sa qualité de vieux romain lui permet de saisir l'âme même de la politique pontificale « à travers le mouvant dédale de déclarations contradictoires, d'aveux et de réticences, d'insinuations et de mensonges (1) », où elle est, selon lui, enveloppée.

Quand on sait au juste qui est Filippo Meda, Filippo Sassoli de' Bianchi, Filippo Crispolti et le comte della Torre, l'*Osservatore Romano* et le *Bastone*, le *Corriere d'Italia* et le *Mattino*, Oreste Daffinà et Enrico Bafile, etc. ; alors, paraît-il, on tient le fil d'Ariane et le labyrinthe du Vatican n'a plus de secret.

Il est indéniable qu'un homme qui a déchiffré tant de journaux, et dévisagé tant de gens, risque fort de pouvoir alimenter, sans tarir, les chroniques des salons et des ambassades. Qu'en retiendra l'histoire ? Que prouvent, en définitive,

1. *Revue de Paris*, 15 octobre 1918, p. 891.

ces dires copieux et assurés? La question est autre.

Pour procéder, en toute sûreté et rigueur, à la critique des multiples accusations formulées par M***, il conviendrait d'attendre que Rome ait publié un *Livre blanc*, comme elle fit au lendemain de la Séparation, en France, de l'Église et de l'État. Toutefois, le manque de ces documents autorisés ne nous laisse pas désarmés. N'est-ce pas renverser par leur base les contructions de M***, que de faire toucher du doigt l'inanité des preuves sur lesquelles elles reposent?

*
* *

L'âpre réquisitoire de M*** contre ce qu'il appelle la politique de Benoît XV est en six points.

1° M*** pense avoir « démontré, à la rigueur des termes », que Benoît XV « refuse de reconnaître, dans la violation de la neutralité belge, un inexpiable forfait ».

Voici ses preuves (1). Dans une feuille polycopiée à la machine, émanant d'on ne sait qui, répandue dans Rome en février 1915, et signée Benedetto Governa, il est affirmé que la France et l'Angleterre sont les vrais envahisseurs de la Belgique ; le marquis Crispolti, dans une conférence faite à la même date, aurait dit, d'après un compte rendu dactylographié et anonyme, que le Saint-Siège agissait sagement, dans la question

1. *Revue de Paris*, 1er novembre 1918, p. 184-188.

belge, de ne point exposer sa dignité aux hasards d'une polémique.

M*** n'est pas assez hardi pour passer sous silence les déclarations du cardinal Gasparri à M. Van den Heuvel ; il fait lui-même une allusion à la Note de Benoît XV dans laquelle est revendiquée « la pleine indépendance politique, militaire, économique de la Belgique vis-à-vis de n'importe quelle puissance ». Ces textes ont contenté le cardinal Mercier ; il l'a dit publiquement à son peuple. Ils ne contentent pas M*** qui, évidemment. se connaît en bravoure mieux que l'héroïque archevêque de Malines. N'osant toutefois faire la leçon au prélat, M*** attrape M. l'abbé Octave Misonne, un prêtre belge, docteur de Louvain, qui a défendu Benoît XV dans une brochure récente ; sans sourciller, notre justicier anonyme déclare que cette brochure prouve, « avec la droiture de l'ouvrier, sa parfaite ignorance de la politique pontificale ».

De tels procédés de discussion disqualifient un homme. M*** en est si fier qu'il les répète sans se lasser.

2° Il pense avoir « démontré, à la rigueur des termes », que Benoît XV « refuse d'admettre que l'Entente ait pour la justice plus de respect que les Impériaux ».

Personne n'a le souvenir que le pape ait jamais hasardé cette comparaison. M***, qui est subtil, prouvera qu'il l'a hasardée sans la hasarder. On va juger de sa démonstration (1). En face de la formule de prière pour la paix rédigée par le pape en janvier 1915, notre gouvernement s'effaroucha, fit saisir la formule ; il est vrai, Benoît XV déclara à l'évêque de Nice qu'il avait en vue la paix par la justice dont avait parlé le cardinal Amette ; mais, observe M*** d'un air entendu, qui sait ce que Benoît XV appelait justice ? Ne sait-on pas que, dans le grossier pamphlet, signé Benedetto Governa, le cardinal Amette et le cardinal Mercier sont injuriés, pour le fait de vouloir subordonner la paix à la réparation des iniquités commises ?

Pour étayer ces raisons fort branlantes, M*** ne trouve rien de mieux que l'énonciation des faits suivants : le 19 février 1917, en adressant la parole aux prédicateurs du Carême à Rome, le Souverain Pontife a dit que les fléaux publics sont une expiation des fautes par lesquelles les nations se sont séparées de Dieu ; dans une allocution du 1er décembre 1916, à l'occasion de la béatification future d'un Français, le vénérable Garicoïts, Benoît XV a invité nommément la France à comprendre qu'il n'y a point de vie chrétienne sans amour de Dieu ; par ailleurs, le nonce Aversa, en remettant ses lettres de créance au roi de Ba-

1. *Revue de Paris*, 1er novembre 1918, p. 188-193.

vière, le 24 janvier 1917, a félicité ce gouvernement de considérer la religion comme le premier élément de la civilisation et du progrès.

Pour M***, ce sont là des arguments quintessenciés et irrésistibles.

3° M*** pense avoir « démontré, à la rigueur des termes », que Benoît XV refuse d'avouer que « les méthodes de guerre de l'Allemagne sont plus répréhensibles que celles de ses adversaires ».

Qui a oublié (1) la fameuse interview Latapie, en juin 1915 ? Or, là, après avoir dit que le torpillage du *Lusitania* était un affreux forfait, le pape demanda à son interlocuteur s'il pensait que le blocus décidé par l'Entente procédait de sentiments bien humains. Il y a plus, lors du bombardement de Paris, le Vendredi Saint de 1918, le cardinal Gasparri a approuvé le cardinal Hartmann de n'avoir pas répondu à la protestation du cardinal Amette par une autre protestation. En mai 1918, le pape a prié la France et l'Angleterre de s'abstenir de raids d'avions, le jour de la Fête-Dieu ; et comme les Alliés jugeaient que demander la réciprocité à l'adversaire aurait l'air d'un marché, Benoît XV n'a rien réclamé de l'Allemagne. Il a essayé, en revanche, d'obtenir de tous les belligérants la cessation des bombardements par avion, hors de la zone de combat.

1. *Revue de Paris*, 1er novembre 1918, p. 193-201.

Et cela prouve qu'il est allemand. Ainsi raisonne M***; et quiconque refuse de se soumettre à une pareille rigueur géométrique, a manifestement la tête mal faite.

4° M*** pense avoir « démontré, à la rigueur des termes », que Benoît XV « a cru légitime d'exhorter les États-Unis à s'interdire l'exportation des armes et des munitions de guerre ».

Ici encore, une interview est la pièce maîtresse (1).

En avril 1915, Benoît XV a reçu un journaliste de *New-York Herald*, M. Karl von Wiegand; or, un document qui aurait été, dit M***, préparé d'avance par M. Wiegand, et revu par le Pontife, préciserait le truisme suivant : le moyen efficace de hâter la paix est de cesser l'exportation américaine du matériel de guerre. Cette histoire a été démentie à New-York et à Rome, mais elle est confirmée par l'agence Reuter. Et comment douter que l'agence Reuter ait raison, quand on constate que le conseil de cesser l'exportation du matériel de guerre se retrouve, soit dans un *Appel au peuple américain* lancé le 15 avril 1915 et attribué au Dr Dernburg, soit dans un article publié par le prince Alexandre de Hohenlohe, le 23 septembre 1916, dans *Neue Zürcher Zeitung* ?

1. *Revue de Paris*, 1er novembre 1918, p. 202-208.

Après s'être complu à ces rapprochements tendancieux et sans valeur, M*** s'empresse d'ajouter que, s'il a agi auprès des États-Unis pour faire supprimer le commerce des armes et des munitions entre l'Amérique et les nations belligérantes, Benoît XV souhaitait uniquement d'ôter « à l'incendie de la guerre son aliment ».

5° M*** pense avoir « démontré, à la rigueur des termes », que Benoît XV est intervenu auprès des neutres « pour les dissuader de se joindre à nous ».

Comment en douter (1)? Le cardinal Gasparri a déclaré qu'en 1915 le Vatican désirait que l'Italie demeurât étrangère au conflit ; le pape a fait la même confidence. En outre, dans le *Messagero* du 8 mai 1916, on lit que le pape, à la prière d'un Français, M. François Deloncle, aurait, par télégramme du 5 mai, exhorté l'Allemagne et les États-Unis à éviter la rupture ; dans un article du *Corriere d'Italia* (14 mai), le marquis Crispolti a prétendu que cette démarche serait légitime ; et, enfin, l'*Unità cattolica* a affirmé, le 25 août 1917, que si l'Italie était restée neutre, la guerre aurait été terminée dès 1915.

Après cela, il n'y aura que les aveugles volontaires à nier l'action dissolvante du pape.

6° M*** pense avoir « démontré » enfin « à la rigueur des termes » que Benoît XV « a cherché à

1. *Revue de Paris*, 1er novembre 1918, p. 208-212.

diviser l'Entente pour rendre vain le pacte de Londres ».

De tous les chapitres du réquisitoire de M***, celui-ci est le plus luxueusement documenté (1).

Au Vatican, les plus hauts prélats comme les gens de moindre qualité assurent que c'est folie aux Français de se fier à l'Angleterre. Au printemps de 1915, le Souverain Pontife a dit à M. René Bazin que la Russie ne devrait pas être maîtresse à Constantinople.

D'autre part, « il est possible et près d'être certain » que le nonce de Bruxelles s'est mêlé à une des tentatives de l'Allemagne pour faire, avec la Belgique, une paix séparée; des catholiques allemands sont allés en Belgique, en janvier 1916, afin d'y prêcher au nom du pape, à ce qu'ils disaient, une paix séparée; lorsque le comte Hertling, en février 1918, fit une démarche dans le même sens, l'*Osservatore romano* l'approuva d'abord (27 février), puis le désapprouva (28 février).

A la fin d'août 1916, le cardinal Gasparri reçut M. Helsey, envoyé du *Journal ;* il lui aurait parlé librement de la menace russe contre la France, de l'égoïsme anglais, de l'appétit italien ; c'est du moins ce qu'a raconté dans le *Populo d'Italia* un certain M. Reisac ; M. Helsey s'est dégagé par un démenti, mais M. Reisac lui a jeté à la face le nom

1. *Revue de Paris*, 1er novembre 1918, p. 212-221.

d'une dame Irma Casier qui aurait reçu ses confidences; ce qui décide la querelle.

Au début de février 1917 l'*Unità cattolica* publia un article prédisant la ruine de la France, de l'Angleterre et de la Russie, tandis que l'Italie serait sauvée par la papauté ; dans une brochure lancée en avril 1916, et intitulée : *La formule de la paix*, un avocat, nommé Enrico Bafile, affirme que la paix ne saurait venir, sinon d'un compromis sanctionné par une entité plurinationale, et que, pour s'y rallier, chaque État doit prendre conseil de ses seuls intérêts.

Enfin, dans son allocution du 28 juillet 1915, le pape invitait tous les belligérants à échanger des vues.

Que souhaiter de plus? Tous ceux qui ne concluront pas que Benoît XV mettait sa diplomatie au service de l'Allemagne victorieuse, ne sauraient être que des sots.

Tel est le bric-à-brac d'arguments avec lequel M*** pense étonner ses lecteurs, écraser Benoît XV, sauver l'Entente. Il est difficile de montrer plus de mépris de la logique et de l'honneur. C'est en rendant gratuitement le pape responsable de quelques brochures, de certains articles de journaux, d'interviews démenties et de papiers écrits à la machine, qu'on prétend l'inculper de duplicité, de mensonge, d'amoralisme.

S'il est vrai, comme on le murmure, que M***

est démobilisé à Rome, pour travailler à la propagande française, voilà le gouvernement de la République royalement payé de ses faveurs, et notre pays servi avec une efficacité rare. Cela rappelle les belles conférences socialistes de certains de nos délégués officiels, à travers les Espagnes, afin, sans doute, d'amener les catholiques espagnols à devenir francophiles.

Catégorique dans ses conclusions, et ridicule, faible, odieux dans ses moyens de preuves : tel apparaît l'acte d'accusation dressé par M***. L'analyser, c'est le réfuter ; en attendant le *Livre blanc* que nombre de bons esprits souhaitent voir publié par Rome (1).

*
* *

Au surplus, M*** s'abuse étrangement sur la position même d'une question primordiale.

1. Tandis que je corrige les épreuves de cette préface, paraît le *Temps* du 8 décembre. En premier Paris, on y met avec colère le Vatican en cause, au sujet d'un article du *Corriere d'Italia*, sur la question du Rhin.

C'est le procédé cher à M***. En le faisant sien, le *Temps* donne le droit de craindre que le Quai d'Orsay et le palais Farnèse n'argumentent avec la fantaisie passionnée du rédacteur anonyme de la *Revue de Paris*. Si vraiment notre diplomatie en est à ce point d'arbitraire, il lui manque la clairvoyance, la justice et la courtoisie. Rien que cela.

Le *Temps* termine ses alinéas contre Rome, en observant que les deux articles de M*** « fourniraient une excellente base à la discussion » de la politique pontificale, « en attendant des déclarations plus complètes ». Si ces derniers mots ne sont pas vides de sens, ils annoncent une campagne de presse contre le pape. Nous verrons.

D'après lui, le pape devait choisir entre deux thèses : l'une, allemande, disant que la guerre de 1914 est un conflit d'ambitions comme il y en a eu tant ; l'autre, française, voulant que cette guerre soit une nouveauté dans l'histoire du monde (1).

Tout le monde le sait, les thèses se sont précisées, à mesure que les événements s'ajoutaient aux événements. La durée de la guerre, le besoin, pour les journalistes et les parlementaires, de formules simples afin de saisir fortement l'opinion, ont amené les essais de schématisation où se complaît l'esprit gnomique de M***. En 1914, il s'agit uniquement de savoir si l'Allemagne et l'Autriche sont en droit de tirer l'épée plutôt que d'accepter la note serbe ; si la Russie et la France ont raison de ne pas laisser écraser la Serbie ; si l'Angleterre doit permettre l'invasion de la Belgique.

Voilà les questions posées à l'origine du conflit. Et elles ne sont pas, quoi qu'en pense M***, « une nouveauté dans l'histoire du monde ». Toujours on en est venu aux mains, parce qu'un plus fort voulait abuser de sa force ; cela a commencé avec la querelle fort lointaine de Caïn et d'Abel. De même M*** s'imagine que les « moyens » de guerre des Allemands sont nouveaux. Par la

1. *Revue de Paris*, 15 octobre 1918, p. 891-892.

dimension, et la variété et l'horreur, ils sont inouïs ; et jamais on ne le dira assez haut et assez longtemps. Mais, dans ces moyens inouïs, tout revient à l'emploi de la violence, de la ruse et de la science. Et ceci est aussi vieux que les annales de la guerre. Les « fins » poursuivies par l'Allemagne, à coups de rudes batailles, ne sont pas davantage nouvelles. Comme tant d'autres « ravageurs de provinces », dont parle Bossuet, les Allemands ont voulu être les maîtres du monde. Les devanciers ne leur manquent pas dans cette politique d'ambition sans frein. Le savant P. Scheil démontrera à M*** que les Assyriens avaient déjà les appétits de domination qui distinguent les pangermanistes d'aujourd'hui.

Il n'a pas même manqué à ces Asiatiques une théorie des races supérieures, afin d'autoriser leur avidité conquérante et la barbarie de leurs coutumes de guerre.

Mais si l'on veut, à tout prix, que la guerre menée par l'Allemagne ait quelque chose d'exceptionnel, à cause de la brutale philosophie politique qui y est partout sous-jacente, il faut convenir que les axiomes carnassiers du pangermanisme (1) se heurtent et se brisent au choc des affirmations spirituelles du Pontife romain. Non seulement Benoît XV n'admet pas que la puissance crée et

1. Voir Paul Dudon, *Nation de proie*, Paris, Lethielleux, 1916.

mesure le droit, que les petits peuples sont à la merci des grands, que la guerre est indépendante de la morale ; mais, sans se lasser, il a proclamé des vérités qui sont diamétralement contraires à cette divinisation nitzchéenne de la force.

Revenons aux griefs formulés par M***.

Garder le silence sur le point de savoir quelle est la meilleure cause, dans cette guerre, est une attitude légitime, observe M***, de la part du chef de l'Église universelle (1). M*** parle comme M. Giovanni, professeur italien, d'un anticléricalisme connu. Et l'on se demande si, par un tel langage, il ne ruine pas lui-même son acte d'accusation contre Benoît XV. Il paraît que non. Car M*** poursuit : le pape aurait dû s'expliquer. — Monsieur, c'est ce qu'il a fait. Dans son allocution du 22 janvier 1915, il a exposé très nettement pourquoi sa fonction de Pontife universel lui commandait la réserve.

M*** prétend que Benoît XV « a évoqué à sa barre » toute l'affaire, et que, en qualité de pape, « il a déclaré les preuves insuffisantes et renvoyé les plaideurs dos à dos ». C'est raisonner en étourdi ou en sophiste. De fait, le pape s'est refusé à faire du Vatican un tribunal permanent et public pour trois motifs : parce que personne ne l'avait pris pour arbitre ; parce que, au début, et

1. *Revue de Paris*, 15 octobre 1918, p. 892.

pour certains faits particuliers, il ne s'estimait pas assez informé ; et enfin parce que, parmi toutes les nations belligérantes, il était responsable des intérêts et de la paix de l'Église. Lorsqu'il a invoqué, en 1915, sa qualité de juge « établi par Dieu pour être le suprême interprète et vengeur de la loi éternelle » ; ç'a été pour rappeler un principe général, à savoir que l'iniquité n'est jamais permise ; ajoutant que lui, souverain docteur de la morale, condamnait et réprouvait toutes les injustices commises, par n'importe qui, et quel que fût le prétexte dont on essayât de se couvrir,

Tel est l'acte judiciaire du 22 janvier 1915 dont M*** tâche vainement d'énerver la portée, en le ridiculisant.

Dans la même allocution du 22 janvier 1915, Benoît XV, interpellant les envahisseurs, leur signifiait que occupation militaire n'est pas synonyme de dévastation ; qu'il y a aux conséquences d'une invasion des limites qu'on ne saurait passer sans forfaire ; et que, entre les violations du droit, celles-là sont particulièrement irritantes qui atteignent les édifices, les ministres, les principes mêmes de la religion.

Pourquoi M*** oublie-t-il ces réflexions du pape et qu'elles atteignaient les Russes comme les Allemands ?

Pourquoi oublie-t-il que dans quatre autres

circonstances solennelles (5 juillet, 28 juillet 1915, 4 décembre 1916, 15 août 1917), le Souverain Pontife a proclamé, sur quelques points essentiels, les principes de l'équité ?

Pourquoi oublie-t-il que Benoît XV a tenté de nombreuses démarches, pour la protection de toute sorte de droits ? Or chaque fois qu'il l'a tenté, il a, équivalemment, rendu une sentence contre le vainqueur injuste. Il y a beaucoup de manières de dire : *non licet*. On peut formuler une prière, invoquer l'intérêt, faire appel à l'humanité, mettre en avant l'opinion, alléguer la conférence de La Haye. La forme de la correction paternelle peut varier suivant l'espèce, et l'état d'esprit du délinquant. Nous ignorons en quels termes Benoît XV est intervenu. Mais, en beaucoup de cas où il a fait aux Allemands des représentations confidentielles, la justice était en cause ; et en agissant pour arrêter les abus de la force, le pape, au fond, a rendu un jugement, dit le droit.

M*** ne paraît pas s'en souvenir. Cette amnésie est d'autant plus volontaire que M*** connaît, puisqu'il la cite quelque part, la brochure du P. Quirico, *L'opera del Santo Padre Benedetto XV durante la guerra*. Après lecture de cette brochure, M*** consent à rendre un hommage mêlé de quelque suspicion, en sept lignes (1), au zèle

1. *Revue de Paris*, 15 octobre 1918, p. 881.

charitable du Saint-Père, et en soixante pages, il caricature et flétrit avec violence une politique qu'il lui prête. Un pareil procédé est d'un pamphlétaire.

*
* *

Le court travail qui suit a justement pour but de révéler au public français, qui l'ignore, l'étendue, la noblesse de l'action internationale du pape, pendant la guerre.

L'initiative de cette étude historique appartient à la *Civiltà cattolica*. Les archives de la Secrétairerie d'État ont été largement ouvertes à ses travailleurs. D'après des documents innombrables (1), le P. Joseph Quirico, de la Compagnie de Jésus, a publié dans la célèbre revue romaine plusieurs articles. La moelle en a été enfermée par lui dans un *foglio* de quatre pages, lequel a été récemment mis en brochure, sous le titre : *Fatti e non parole. L'opera del Santo Padre Benedetto XV durante la guerra.*

Les exigences de clarté propres à l'esprit français, les attaques de M***, nous ont invité à présenter ces *Faits*, dans un autre ordre que celui du texte italien, et avec quelques suppressions ou additions. Nous remercions le P. Quirico de

1. Le P. Quirico. pour chacun des quatre-vingts points touchés dans son opuscule, renvoie soigneusement à la cote des dossiers secrets qui lui ont été communiqués. Ces références sont inutiles ici; celles qui ont été données par le P. Quirico valent une fois pour toutes.

la liberté qu'il nous a offerte d'adapter son travail aux besoins de nos lecteurs. Notre brochure, d'ailleurs, est en substance celle même de *Fatti e non parole.*

Contre le pamphlet de la *Revue de Paris,* S. Ém. le cardinal Amette a élevé une protestation très ferme ; la *Croix* (7 novembre) et les *Nouvelles religieuses* (1er novembre) ont opposé de justes critiques ; ici même nous avons formulé nos griefs. L'opuscule du P. Quirico nous permet d'apporter des indications réelles, précises, hors de conteste, sur l'action vraie du pape durant la guerre. Souvent on a affecté de dire que, chez Benoît XV, le diplomate effaçait le Pontife. Nos lecteurs jugeront, sur pièces, si le Pontife a oublié son mandat religieux.

Paris, 11 novembre 1918.
jour de la signature de l'armistice.

Paul Dudon.

L'ACTION DE BENOIT XV
PENDANT LA GUERRE

Ayant en vue de fournir un tableau synthétique de l'action internationale de Benoît XV pendant la guerre, nous indiquons les choses en peu de mots, et sans frais d'éloquence. A quoi bon discourir ? Il s'agit de dresser un *memento*, d'aligner une simple liste de faits.

Pour plus de clarté, notre liste sera divisée en cinq paragraphes :

I. — Initiatives religieuses.

II. — Initiatives charitables.

III. — Initiatives pour la protection des droits violés.

IV. — Proclamation de quelques principes essentiels d'équité.

V. — Caractères de la paix voulue par le Saint-Père.

A quoi nous ajouterons une conclusion : le Pape et le Congrès de la paix.

2*

I. — Initiatives religieuses.

1. *Organisation de l'aumônerie militaire.*

Les pouvoirs publics peuvent bien décréter l'existence légale et le mode d'existence des aumôniers militaires, mais les fonctions spirituelles des aumôniers ne sauraient dépendre que de la volonté du chef de l'Église.

Cette volonté s'est inspirée des plus larges principes, pour faciliter aux soldats la réception des sacrements. L'organisation de l'aumônerie a été faite d'accord par les deux pouvoirs : en Italie (1er juin 1915), et en Belgique (4 mai, 27 août 1915), et ailleurs encore.

En France, les évêques et le pape ont dû suppléer à l'insuffisance des mesures gouvernementales. Le principe essentiel de la juridiction était réglé, dans des réponses romaines données à l'évêque de Verdun (18 mars 1912) et au cardinal archevêque de Reims (14 septembre 1913) lors des expéditions marocaines. Des décrets nouveaux ont précisé les choses (18 décembre 1914, 11 mars 1915). Finalement, le Saint-Père a nommé Mgr Ruch et Mgr de Llobet (mobilisés tous deux) inspecteurs généraux des aumôniers militaires et Mgr Guillibert, évêque de Fréjus, inspecteur des aumôniers de marine (19 novembre 1917).

2. *Facultés extraordinaires accordées aux prêtres en campagne.*

Les aumôniers militaires en fonction peuvent recevoir la confession de tous les fidèles (civils ou militaires) qui s'adressent à eux ; et ils ont, en leur faveur, des pouvoirs exceptionnels en matière de cas réservés.

Les prêtres-soldats appartenant à une formation militaire quelconque participent aux privilèges des aumôniers ; sans avoir toutefois, à l'égard des civils, d'autres pouvoirs extraordinaires que ceux qu'ils tiennent de leurs évêques.

Tous prêtres prisonniers jouissent, en faveur de leurs compagnons de captivité, des pouvoirs ci-dessus.

L'absolution générale peut être donnée aux combattants, quand il y a impossibilité de faire autrement ; chacun d'eux étant par ailleurs tenu par après à la confessiou, s'il en a le moyeu.

Les aumôniers et les prêtres soldats ont faculté de donner la bénédiction apostolique *in articulo mortis*.

Ils peuvent administrer, aux soldats qui sont sur le front, la communion en viatique.

Les prêtres, même combattants, peuvent dire la sainte messe. Tous les prêtres aux armées peuvent dire la messe, n'importe où, pourvu que le lieu soit décent et sûr.

Tous ont faculté de bénir les scapulaires, chapelets, médailles.

Mais il est clair que la plus extraordinaire de toutes les permissions accordées par Rome aux prêtres a été celle de combattre. Par là, a été atteint non seulement le principe de l'immunité ecclésiastique, mais aussi le service paroissial, le service scolaire et le service des missions lointaines. Les cadres du clergé régulier et séculier ont été réduits, d'autant plus qu'en fait, soit par la loi de 1905 abrogeant la loi de 1889, soit par l'amendement Sixte Quenin, voté en février 1917, le nombre des prêtres combattants est fort considérable.

En France, le gouvernement n'a pas, comme en Amérique, en Angleterre, en Italie, réglé la question selon les exigences du bien commun, et d'accord avec les autorités ecclésiastiques.

3. *Mesures pour assurer le service religieux dans les diocèses envahis par l'ennemi.*

L'envahissement successif de la Belgique, de la France du nord, de la Galicie, de la Pologne, de l'Italie, de la Serbie a posé une foule de problèmes, dans l'exercice de la juridiction ecclésiastique.

Par les décisions des Congrégations romaines compétentes, le Saint-Père a pourvu aux circonstances, de manière à ce que la délicatesse du sentiment national n'eût rien à souffrir dans l'accomplissement des devoirs religieux. Là où la communication des fidèles avec leurs évêques ne pouvait pas avoir lieu, Benoît XV n'a pas hésité à nommer des vicaires généraux provisoires, dépendant directement du Saint-Siège.

4. *Assistance religieuse des prisonniers.*

Aux évêques dans les diocèses desquels se trouvent des prisonniers de guerre, le pape a demandé avec insistance de s'occuper de ces malheureux dans les sentiments de la plus tendre charité. Ils doivent désigner des prêtres sachant leur langue, pour les visiter, consoler et assister. Ces prêtres sont priés de veiller particulièrement à ce que les prisonniers correspondent avec leurs familles ; et le cas échéant, ils se chargeront d'écrire les lettres.

Sur cet article, les archives de la Secrétairerie d'État sont remplies de documents concernant les instances faites par le Saint-Siège auprès des évêques et auprès des divers gouvernements.

5. *Repos dominical des prisonniers.*

Informé que des prisonniers étaient astreints à travailler le dimanche, le pape fit des démarches auprès des nations belligérantes (23 août 1915) pour assurer la liberté religieuse. L'Angleterre (8 septembre), la Belgique (24 septembre), la

Serbie (25 septembre), l'Autriche (28 octobre), la Russie (25 octobre), la Turquie (18 septembre), la France (9 août), l'Italie (9 octobre) donnèrent des réponses favorables à la note pontificale.

6. *Essai de trêve pour la Noël 1914.*

La première année de la guerre, dans une pensée de douceur chrétienne, le pape invite les belligérants, en souvenir du Dieu de la crèche, à une suspension d'armes le jour de la Noël. L'Angleterre, l'Allemagne, la Belgique acceptent ; la France allègue la difficulté du calendrier russe ; la Russie oppose les difficultés militaires. Ce manque d'accord empêche le projet d'aboutir ; il n'en fait pas moins honneur à l'âme religieuse du pape.

7. *Trêves pour l'ensevelissement des morts.*

Des démarches en ce sens furent faites, de France par l'archevêque d'Auch, d'Allemagne par l'évêque de Spire, suppliant le Souverain Pontife d'intervenir auprès des gouvernements. Benoît XV le fit avec empressement. Ici encore l'unanimité faisant défaut, la pieuse pensée demeura inexécutée.

D'Angleterre et de France, des mères en deuil s'adressèrent au Saint-Père, en 1915, pour obtenir du gouvernement turc que leurs fils morts aux Dardanelles fussent ensevelis dans des tombes religieusement entretenues et facilement reconnaissables.

Le pape, par le délégué apostolique de Constantinople, Mgr Dolci, transmit le désir des femmes chrétiennes et reçut l'assurance, du gouvernement ottoman, que les tombes seraient conservées intactes. On put même avoir des photographies des cimetières militaires ; et elles furent envoyées de Rome aux gouvernements intéressés.

8. *Invitations pressantes à la prière et à la pénitence.*

L'orgueil rationaliste n'admet pas que la guerre soit un fléau dont Dieu se sert pour châtier les péchés des hommes. Benoît XV a proclamé sans cesse cette vérité écrite dans les premiers livres de la Bible. Il le fit dès le 8 septembre 1914. Souvent il a renouvelé cette leçon nécessaire, et exhorté les fidèles à prier et à faire pénitence (1er novembre 1914 ; 10 et 20 janvier, 25 mai, 28 juillet, 6 décembre 1915 ; 4 décembre 1916 ; 5 mai, 1er août 1917 ; 9 mai 1918).

Comme pour mieux préparer les esprits à ces insistances, il avait parlé, dans sa première encyclique, de quatre graves maladies qui dévorent la société contemporaine : la soif des seuls biens terrestres, la lutte des classes, l'esprit de révolte, la haine de l'homme pour l'homme.

Quelle puissance de pénétration ont pu avoir les supplications des croyants, pour incliner vers la terre la miséricorde du ciel? Seul le ciel le sait. Nous, nous savons seulement que nos oraisons ne sont jamais vaines.

En outre, il est manifeste que les pensées de foi ont eu pour effet d'élever et de soutenir, à des hauteurs divines, d'innombrables âmes françaises, parmi les combattants comme parmi les foyers chrétiens. Ces ressources surnaturelles de défense nationale ont été multipliées par les incessants appels du Saint-Père à la prière et à la pénitence.

II. — Initiatives charitables.

9. *Échange des prisonniers de guerre inaptes au service militaire.*

Par un télégramme du 31 décembre 1914, Benoît XV invita les chefs d'États à cet échange. Tous s'y prêtèrent, félicitant le pape de son initiative. L'exécution ne tarda pas à suivre; elle a suivi jusqu'à l'armistice. Les statistiques seules pourraient dire combien de milliers de familles doivent des actions de grâces au Souverain Pontife.

10. *Libération et échange des prisonniers civils.*

Le 11 janvier 1915, Benoît XV propose aux nations belligérantes de renvoyer dans leur patrie : 1° les femmes et les jeunes filles ; 2° les garçons âgés de moins de dix-sept ans ; 3° les hommes âgés de plus de cinquante-cinq ans ; 4° les médecins, les chirurgiens, les prêtres, les civils inaptes au service militaire, quel que soit leur âge.

Les adhésions ne manquèrent pas. Des conventions particulières entre nations règlent les conditions de la libération et de l'échange demandés par le pape. Ici encore, les statistiques diront l'étendue du bienfait.

11. *Hospitalisation en Suisse et ailleurs des prisonniers encore aptes au service militaire, mais blessés et malades.*

C'est de France que la pensée est venue. Sollicité d'agir, Benoît XV le fit avec zèle et succès. Dès les premières ouvertures faites par le pape, le gouvernement fédéral se montra favorable. L'Allemagne, qui avait répondu négativement aux propositions françaises transmises par l'ambassadeur d'Espagne à Berlin, finit par écouter les voix venues de Rome (août-octobre 1915). La France (24 mai), l'Autriche (23 juin), la Belgique (6 juillet) avaient déjà adhéré au projet détaillé, élaboré par la Secrétairerie du Vatican. L'Angleterre ne se décida que plus tard, et elle traita directement avec la Suisse.

Les Français qui ont vu arriver en Suisse les trains de blessés et de malades, savent combien de malheureux ont dû leur salut à la mesure si efficacement déterminée par le Saint-Père.

12. *Hospitalisation en Suisse des prisonniers militaires pères de quatre enfants et en captivité depuis plus de dix-huit mois.*

Cette mesure est de l'initiative de Benoît XV. La France et l'Allemagne y ont adhéré les premières (mai-juin 1916). La Russie et l'Autriche s'en sont entretenues ensuite. Toutes ces négociations ont finalement abouti à la seconde convention de Berne (mai 1918). Mais déjà, le 5 avril 1917, les premiers prisonniers français de la catégorie susdite arrivèrent en Suisse.

Pour les prisonniers italiens tuberculeux, le pape a obtenu de l'Autriche le rapatriement sans échange.

13. *Visites aux prisonniers.*

Les nonces de Vienne (20 janvier, 16 juillet 1916, 27, 28 février, 1 et 2 mars 1918) ont fait, à différentes reprises, au nom du pape, des visites aux camps des prisonniers italiens.

Le pape a invité les évêques italiens (31 mars 1916) à visiter les prisonniers autrichiens internés dans leurs diocèses.

De pareilles visites ont été organisées auprès des prisonniers allemands en France et des prisonniers français en Allemagne; auprès des prisonniers, tant français qu'allemands, hospitalisés en Suisse,

Le délégué apostolique de Constantinople. Mgr Dolci, a visité les prisonniers français, anglais, italiens internés en Turquie; et aussi les malades bavarois, allemands, soignés dans des hôpitaux allemands et autrichiens de Constantinople.

Il est superflu d'observer combien ces démarches sont utiles pour constater le véritable état des choses et pour soutenir le moral des captifs ; surtout quand il s'y ajoute, comme il a été fait toujours, quelques largesses au nom du Saint-Père.

La bienfaisance pontificale s'est particulièrement intéressée, on le comprend, aux prisonniers italiens ; des livres, des vêtements, des médicaments, leur ont été distribués plusieurs fois en abondance.

14. *Office en faveur des prisonniers constitué à Rome d'abord, puis à Paderborn, à Fribourg et à Vienne.*

Dès les premiers mois de la guerre, des lettres innombrables écrites par des évêques, des curés, des aumôniers, des familles, arrivèrent au Vatican pour demander des nouvelles de soldats disparus. Ces lettres venaient surtout de France et de Belgique.

Peu à peu l'abondance des documents exigea la création d'un bureau spécial, à la Secrétairerie d'État. L'Office romain eut ensuite des succursales à Paderborn, à Fribourg et à Vienne.

Des prélats, des prêtres séculiers, des religieux, des religieuses, des laïques (hommes et femmes) : au total près de 200 personnes, soit au Vatican, soit hors du Vatican, s'occupent de cette œuvre charitable. L'Office est en correspondance avec tous les pays du monde.

Le travail est réparti en plusieurs sections :

recherches, rapatriement, recommandations spéciales, prisonniers civils, prisonniers de guerre, etc.

Bien entendu, les services rendus sont gratuits; ils sont rendus à tous ceux qui les sollicitent, sans distinction de nationalité ou de religion. Naturellement les demandes venant d'Italie sont fort nombreuses et sont suivies avec un intérêt spécial. Mais les innombrables et touchantes lettres de remerciements qui arrivent au Vatican de partout témoignent que la grande charité du Père de tous est véritablement universelle.

C'est par milliers et milliers que se chiffrent les démarches faites par l'Office du Vatican.

15. *Correspondance des malheureux restés dans les régions envahies avec les familles dont ils sont séparés.*

Le cardinal archevêque de Reims fut un des premiers à saisir le pape de la question, ainsi que Mgr Marchetti, délégué du pape à Berne. La situation de milliers de Français et de Belges, privés de tout commerce avec leurs familles, était lamentable.

Par l'intermédiaire de l'archevêque de Cologne, Benoît XV fit une démarche auprès de l'empereur d'Allemagne (décembre 1915). Des démarches nouvelles suivirent, un règlement intervint

pondance put s'établir, quoique gênée par beaucoup d'exigences bureaucratiques.

A la prière du chargé d'affaires serbe, auprès du Saint-Siège (9 février 1916), le pape négocia et obtint de l'Autriche des facultés analogues pour les Serbes demeurés en leur pays après l'invasion.

Dès l'occupation de quelques territoires autrichiens par les troupes italiennes, le pape avait organisé, au Vatican, un service pour donner des nouvelles des Autrichiens. Lorsque la fortune des armées renversa la situation, il put avoir, après quelques difficultés, le consentement de l'Autriche à la circulation des lettres dans les pays italiens conquis.

Il fut moins heureux, dans ses démarches auprès de la Porte, en faveur des Italiens prisonniers en Lybie. Mais l'évêque de Tripoli eut mission de suppléer, et il supplée en effet de son mieux, au bon office refusé par les Turcs.

16. *Secours matériels et ravitaillement assurés aux régions envahies.*

a) En Belgique. — Le Saint-Père s'est entremis pour que la Belgique pût recevoir facilement, du comité formé en Amérique, les secours opportuns en vivres.

b) En Pologne. — Lorsque la disette se fit sentir, en 1916, dans la malheureuse Pologne sillonnée tour à tour par les armées russes, autrichiennes et allemandes, l'action de Benoît XV, au bout de laborieuses négociations, finit par faire disparaître les difficultés opposées par les belligérants au bon vouloir du comité américain. Et les Polonais reçurent des vivres.

En 1915 déjà, le pape avait donné son appui et son obole, lors de l'appel fait par les évêques polonais à la charité du monde catholique.

c) Au Monténégro. — Pour le Monténégro, l'Angleterre avait pris l'initiative d'un comité, dont les secours devaient être répartis par l'archevêque d'Antivari et le ministre d'Espagne. Afin d'aboutir, le comité pria le pape d'interposer ses bons offices auprès du gouvernement autrichien. Des objections furent faites. Deux ans (1916-1918) passèrent en tractations. La ténacité du Saint-Père finit par obtenir le consentement de l'Autriche à un ravitaillement fait sur bateaux neutres, et sous la responsabilité du Saint-Siège.

d) En Italie. — Sur la prière des évêques italiens des régions envahies de la Péninsule, le pape a demandé au gouvernement autrichien de faciliter le ravitaillement. En mai 1918, les négotions entamées n'avaient pas encore atteint leur but.

e) En France. — En mai 1916, le pape est sollicité d'agir auprès de l'Allemagne en faveur des départements français envahis. On propose la Suisse comme intermédiaire du ravitaillement. Benoît XV expose la question à Berlin et à Berne; et réussit à obtenir l'envoi de rations non seulement individuelles mais collectives.

17. *Aumônes royales du pape.*

a) En Belgique. — Pour la restauration des églises et les besoins des nécessiteux, Benoît XV a donné plus de 100.000 francs. Prié de patronner l'idée d'une quête, en Amérique, en faveur des orphelins belges, il écrit au cardinal Gibbons (28 octobre 1916) pour recommander la souscription à son zèle, et il s'inscrit en tête de la liste pour 20.000 dollars.

On sait aussi que, pour reconstituer la bibliothèque de l'Université de Louvain, le pape a donné tous les doubles de la Bibliothèque vaticane.

Les collectes pour le Denier de Saint-Pierre ont été refusées par le pape.

b) En France. — Les dons reçus des évêques pour le Denier de Saint-Pierre sont restés entre les mains des donateurs. Benoît XV a donné en outre plus de 100.000 francs.

c) En Prusse. — Le pape a fait à l'égard des évêques allemands le même geste que pour les évêques français. Il a offert, de plus, en 1915, 10.000 marcks pour les besoins de la Prusse orientale envahie.

d) En Pologne. — La quête organisée par les évêques polonais, dans le monde catholique, avec l'appui de Benoît XV, a produit quatre millions. Mais Benoît XV ne s'est pas contenté de ces ressources. De sa main bienfaisante, de fortes sommes se sont échappées, qui montent à plus de 60.000 francs.

e) Dans les Balkans et en Russie. — La Serbie, la Lithuanie, la Ruthénie, le Monténégro, ont aussi reçu les aumônes du pape.

f) En Italie. — L'Italie n'a pas été oubliée dans cette munificence. Les évêques des pays envahis, les orphelins, les ouvriers italiens travaillant en Belgique, les écoles de Rome, etc., ont été secourus sans compter, soit par allocations mensuelles ou annuelles, soit par des dons extraordinaires.

Nous ne parlons pas des séminaires et des collèges pontificaux mis à la disposition des blessés et des malades italiens, d'un bout à l'autre du royaume.

III. — Initiatives pour la protection du droit.

18. *En Belgique.*

Au moment du sac de Louvain, l'auditeur de la nonciature de Bruxelles (1) protesta contre l'incendie de l'Université et réclama la liberté immédiate du Recteur et des professeurs de l'Université.

Il protesta contre la mise à mort du P. Dupierreux, jésuite, coupable d'avoir écrit sur un carnet personnel que les Allemands renouvelaient les exploits du calife Omar; il demanda que le corps du religieux fusillé fût exhumé pour être remis à qui de droit. Les mêmes protestations se firent entendre, pour la mise à mort de plusieurs autres prêtres. Les démarches du prélat obtinrent encore la mise en liberté de prêtres, de religieux, de citoyens arrêtés en masse à Louvain et transférés à Bruxelles.

Il défendit les Jésuites de Louvain, accusés sans raison d'avoir une station de T. S. F.; et on fit droit à ses réclamations.

A la suite des accusations portées par la *Gazette de l'Allemagne du Nord*, contre les médecins, les infirmiers et les prêtres, dénoncés comme coupables d'avoir maltraité des blessés allemands,

1. Le nonce avait suivi le gouvernement belge à Anvers d'abord, puis au Havre.

l'auditeur de la nonciature formula auprès du gouvernement impérial d'expresses réserves.

Il plaida en faveur de religieux anglais arrêtés, de curés chassés de leurs paroisses ou condamnés aux travaux forcés.

Le 2 septembre 1914, il remit au gouverneur général allemand de Belgique une liste de tous les monuments artistiques de Bruxelles, demandant qu'ils fussent respectés.

Il fit également des représentations, auprès du même gouverneur général, pour protéger la bibliothèque des Bollandistes de Bruxelles.

Après le bombardement des cathédrales de Malines et d'Anvers, il remit au gouverneur général allemand la liste de tous les monuments classés du royaume, en insistant sur la nécessité de protéger les édifices religieux.

Malgré de grandes difficultés, il entreprit une enquête, à travers la Belgique entière, afin de se rendre compte des destructions commises et d'être en mesure de formuler des protestations et des requêtes.

19. *En Orient.*

Aux premières nouvelles des vexations exercées en Syrie, surtout contre la population chrétienne du Liban, le pape télégraphia au délégué apostolique de Constantinople d'agir auprès de la Porte; et aux nonces de Vienne et de Munich de prier l'empereur d'Autriche de faire pression sur le gouvernement turc.

Dans le courant de 1915, les Arméniens furent soumis aux plus dures épreuves. Le Souverain Pontife ordonne au délégué de Constantinople de faire une enquête ; et il écrit au sultan une lettre autographe pour plaider la cause des populations désolées. Ce plaidoyer est renouvelé encore en avril 1918.

20. *Lors des déportations.*

On se souvient de la stupeur de l'opinion, en face des razzias humaines organisées par les Allemands.

Le 7 juin 1916, le cardinal Gasparri demande au cardinal Hartmann, archevêque de Cologne, de le renseigner au plus tôt sur les déportations en masse, faites au nord de la France, sans égard aux lois de la justice et de la moralité. Le quartier général allemand, par la plume du baron de Freytag, ne manqua pas d'expliquer ces mesures par le simple désir de répartir la population d'une façon qui faciliterait le ravitaillement.

Rome ne fut pas dupe. Dans son allocution du 4 décembre 1916, le pape protesta contre le principe même des déportations en masse. Il serait facile de joindre à ce texte une liste assez longue de démarches particulières survenues à l'occasion de mesures prises par les Allemands en France ou en Belgique.

Le 2 avril 1917, au sujet d'ouvriers belges emmenés de force en Allemagne, le comte Hertling mandait au nonce de Bavière que de pareilles vexations n'auraient plus lieu à l'avenir; et que ceux qui auraient été injustement emmenés auraient la liberté de revenir dans leur pays.

21. *Lors des réquisitions des objets du culte et des cloches.*

Lorsque, au début de 1917, le Souverain Pontife fut instruit que le gouvernement allemand allait procéder à la réquisition des objets de cuivre, il fit des instances et obtint, par le moyen du nonce de Munich et de l'archevêque de Cologne, qu'on renonçât à prendre le cuivre des églises.

En février 1918, instruit par le cardinal Mercier de la réquisition imminente des cloches et des tuyaux d'orgue, Benoît XV tenta encore de s'interposer. On lui répondit en alléguant des nécessités militaires. Le pape fit cependant des remontrances nouvelles qui eurent meilleur accueil.

Il a élevé les mêmes protestations lorsque, dans les régions italiennes envahies, il fut aussi question de saisir les cloches pour les envoyer à la fonte.

22. *Proposition d'interdire les raids aériens hors de la zone de combat; efforts pour empêcher les représailles.*

L'heure n'est pas venue d'entrer dans le détail des négociations entreprises, sur ce point, par le Saint-Père. Mais il faut signaler cet effort, bien que, pour des raisons indépendantes de Rome, il n'ait point abouti. On peut toutefois ajouter qu'en certaines occasions, le pape a pu empêcher ou atténuer les ravages de la guerre aérienne contre des villes ouvertes.

Le principe général qui admet la légitimité des représailles donne lieu, dans l'application, à beaucoup de questions très délicates. En certains cas, plus clairs et plus faciles, le pape a pu obtenir quelques accommodements.

23. *Intervention en faveur de condamnés ou d'otages.*

Dans un grand nombre de condamnations individuelles, non justifiées ou excessives, le pape a pu obtenir soit une mitigation de peine, soit grâce entière.

IV. — Proclamation des principes de justice.

24. Dès la première encyclique (1er novembre 1914), le pape rappelle que, pour la restauration du droit violé, il est d'autres moyens que les armes ; et que les intentions droites et la sincérité feront aboutir à une solution.

25. Dans sa première allocution consistoriale (22 janvier 1915), Benoît XV a dit :

« Le Pontife romain a été constitué par Dieu comme l'interprète et le vengeur de la loi éternelle. Avant tous autres donc, il lui appartient de proclamer qu'à personne, sous aucun prétexte, il n'est permis de violer la justice ; et nous le proclamons très ouvertement. Et nous frappons de notre réprobation n'importe quelles violations du droit où qu'elles aient été commises. »

Et encore :

« Qu'il nous soit permis de faire appel aux sentiments d'humanité de ceux qui ont franchi les frontières, les armes à la main. Qu'ils ne dévastent pas les régions envahies plus qu'il n'est exigé strictement par l'occupation militaire, et ce qui importe bien plus encore, qu'ils ne blessent pas pour rien le cœur des habitants dans ce qu'ils ont de plus cher : les édifices sacrés, les ministres de Dieu, les droits de la religion et de la foi. »

26. Le 6 juillet 1915, le cardinal secrétaire

d'État déclare par lettre publique à l'ambassadeur belge auprès du Saint-Siège, que l'invasion de la Belgique, reconnue d'ailleurs par le chancelier d'Allemagne comme une violation du droit international, se trouve comprise dans la condamnation générale des injustices prononcée dans l'allocution du 25 janvier.

27. Un peu plus tard (28 juillet), le pape reprend ce thème. Le pangermanisme fait alors de la confiscation définitive de la Belgique un dogme de la politique allemande.

« Qu'on y prenne garde! observe le Pontife romain. Les nations ne meurent pas; humiliées, opprimées, elles portent en frémissant le joug qu'on leur impose; et elles se transmettent de génération en génération un triste héritage de haine et de vengeance. »

28. Le 4 décembre 1916, à l'occasion de la promulgation du nouveau Code canonique, Benoît XV prononce ces graves paroles :

« La folie de cette guerre qui ravage l'Europe ne proclame-t-elle pas quelle énormité de désastres et de ruines peuvent survenir, lorsque sont méprisées les lois éternelles qui régissent les relations internationales? Quel spectacle s'offre à nous dans ce bouleversement général du monde! Les choses d'Église profanées; les hommes d'Église indignement traités, même quand ils sont d'une haute dignité, et en dépit des lois divines et du droit des gens qui devraient les rendre inviolables; des citoyens pacifiques éloignés de leur foyer, au milieu des larmes des mères, des épouses et des enfants; des villes ouvertes et des populations sans défense livrées en proie aux raids aériens; sur terre et sur mer de tels méfaits multipliés que l'âme en est remplie d'horreur et comme déchirée... Nous déplorons tant de maux accumulés; toutes les injustices perpétrées dans cette guerre, nous les réprouvons de nouveau, quels qu'en soient le théâtre et les auteurs. »

29. Il ne saurait échapper à personne que dans toutes les occasions où Benoît XV a élevé la voix pour la protection de n'importe quelle liberté — et nous avons énuméré ces occasions dans le paragraphe précédent — il a proclamé, par là même, l'inviolabilité du droit tout court et de la justice éternelle.

V. — Caractères de la paix voulue par le Saint-Père.

30. Dès le 8 septembre 1914, quelques jours à peine après son élection, Benoît XV a fait entendre sa voix au milieu du fracas de la guerre, pour dire aux chefs d'État :

« Nous les en prions et conjurons ardemment, qu'ils songent dès aujourd'hui à sacrifier leurs discordes au salut de l'humanité. La vie mortelle est remplie de trop de misères et de larmes pour qu'il faille y ajouter encore. »

31. Dans sa première encyclique (1er novembre 1914), le pape renouvela ce vœu, dans le langage le plus pressant :

« Qu'ils nous entendent, nous les en prions, ceux dont les mains portent la fortune des États. Si des droits ont été violés, il est, pour les réparer, d'autres moyens que les armes. Qu'on recoure à ces moyens, dans l'intérim d'un armistice, avec une entière bonne foi et une volonté sincère. »

32. Le 4 mars 1916, Benoît XV écrit au cardinal vicaire :

« Au nom de Dieu qui est justice et charité, nous avons conjuré les belligérants de renoncer à leur dessein de mutuelle destruction ; d'exposer une bonne fois leurs vues avec franchise ; de tenir compte, dans la mesure du juste et du possible, des aspirations des peuples ; d'accepter, s'il y a lieu, en faveur de l'équité et du bien commun de la grande société des nations, les nécessaires sacrifices d'amour-propre et d'intérêt. Là est l'unique moyen de mettre fin à l'horrible conflit, selon les normes de la justice, et d'arriver à une paix, qui, n'étant pas profitable à l'un des partis seulement, sera par là même juste et durable. »

33. Le Souverain Pontife tente, le 1er août 1917, une suprême démarche ; il formule, dans une note adressée aux chefs des États belligérants, et qui devait rester secrète, le thème des discussions diplomatiques relatives à la paix générale.

a) Le principe fondamental de la Note pontificale est énoncé en ces termes : « Il faut substituer à la force matérielle des armes la force morale du droit. »

Évidemment, le remède essentiel est là. Du droit respecté ou méconnu, mieux que de certaine toge historique, sortent la paix ou la guerre.

b) Mais les passions humaines étant toujours en ébullition, des oublis sont à redouter toujours. Pour rendre plus difficiles, sinon impossibles, les abus de la force dans l'avenir, il faut des précautions. Le pape en énumère trois :

1° Le désarmement général, sauf les troupes requises en chaque État pour la tranquillité publique ; et, pour mieux assurer ce désarmement, l'abolition de la conscription ;

2° Un tribunal arbitral qui règle, selon les normes du droit, les conflits des peuples ;

3° La liberté des mers qui sont les véritables voies internationales, les véhicules de la prospérité et du progrès mondial.

c) A ces garanties, destinées à assurer la paix dans l'avenir, il faut joindre des conditions qui règlent équitablement la guerre présente :

1° Benoît XV reprend à son compte la formule indiquée par M. Wilson, répétée par M. Ribot : « Ni indemnité, ni annexion » ;

2° Toutefois si des dommages injustes et graves ont été commis, les auteurs seront tenus de les réparer ;

3° Tous les territoires envahis sont remis à leurs anciens possesseurs ;

4° Les questions territoriales pendantes entre la France et l'Allemagne, l'Autriche et l'Italie doivent être examinées dans un esprit conciliant. En Arménie, dans les Balkans, en Pologne, il faut arriver à un statut qui tienne compte des justes aspirations des peuples. La Belgique doit être réintégrée dans sa pleine indépendance politique, militaire, économique.

34. De tous les souverains étrangers au conflit, Benoît XV était le premier et le seul à proposer des solutions aussi nettes. Il manquait bien peu de chose à sa Note pour la mettre à l'abri de

toute critique raisonnable. Au parlement italien (20 février 1918), le député socialiste Lucci en a loué l'inspiration et marqué l'accord avec les suggestions de M. Wilson et de M. Lloyd George. On sait pourtant ce qui advint. Il faut expliquer cette révolte de l'opinion française.

Les journaux et le gouvernement y sont pour beaucoup. Même avant que le texte en fût connu, la Note fut blâmée. Dès lors, quand elle parut, elle ne pouvait être lue qu'avec précipitation et défiance. Certaines omissions regrettables, quelques formules moins heureuses, de fâcheuses coïncidences retinrent toute l'attention et nourrirent les colères. Et puis chacun sentait que la situation, en août 1917, ne pouvait comporter pour nous un traité honorable. Nous voulions des couplets héroïques et non des cantilènes de paix.

La révolution, en désarmant la Russie, l'avait livrée à une invasion progressive; la Roumanie était acculée à ses dernières défenses ; la Grèce, qui venait de rompre avec l'Allemagne, après l'abdication de Constantin, était incapable, même avec le secours de l'armée de Salonique, de bousculer la Bulgarie. Il est vrai, l'empereur d'Autriche avait écrit, aux derniers jours de mars 1918, sa lettre fameuse. Mais cette lettre était un secret d'État ; et, d'ailleurs, du printemps à l'été, combien la fortune avait souri aux Empires centraux! De leurs conquêtes mêmes, ils se promettaient des ressources alimentaires qui, en remédiant à leur pauvreté économique, les rendraient capables de prolonger la lutte. Maîtres sur le front oriental, ils étaient, sur nos frontières, incrustés au sol. Notre offensive (pour des causes inconnues, même aujourd'hui, à beaucoup de Français) (1), s'était arrêtée comme impuissante. Le principe de l'inviolabilité des fronts, proclamé souvent dans les milieux politiques et militaires, gardait tout son prestige. L'Amérique avait bien envoyé, en France, avec le général Pershing, quelques soldats, mais ce n'était qu'une annonce de secours encore à venir.

Dans ces conditions, la paix était impossible. Pour négocier, en effet, selon l'esprit d'équité conciliante expressément marqué par le Saint-Père, il aurait fallu que l'Allemagne, partout conquérante, fut disposée à faire preuve de magnanimité. Or, toute sa conduite diplomatique et militaire, de juillet 1914 à août 1917, fournissait la plus péremptoire démonstration que la griserie de la force augmentait en elle avec le succès de ses armes. La Note pontificale qui invitait les vainqueurs à se souvenir de la justice, des légitimes aspirations des peuples, de l'équilibre de l'Europe, n'avait donc aucune chance de persuasion.

1. L'article si décisif écrit par un journaliste américain n'a jamais pu être traduit par un journal français.

On le vit bien, par la réponse des Empires centraux. Plus avisés, plus courtois que le gouvernement français, ils adressèrent au pape des lettres déférentes et longues. Toute explication y faisait défaut sur le programme de pourparlers indiqué par Rome. Ce silence calculé témoignait que la Duplice était aussi peu disposée que l'Entente à négocier.

Malgré tout, l'échec fatal de Benoît XV ne nuisait en rien à la noblesse de sa démarche. Ses intentions étaient hautes. On eût dû les respecter et non les méconnaître iniquement. Une fois de plus, le Pontife avait montré, non seulement son émotion profonde en face des horreurs de la guerre, mais l'impérieuse nécessité qu'il y avait de rasseoir, sur la base du droit, l'Europe ébranlée par les secousses de la force brutale.

VI. — Conclusion : Le Pape et le Congrès de la paix.

Les événements, rapides comme la foudre, nous ont mis — et contre toute attente, en quatre mois — au seuil de la paix par la victoire. Ceux qui comptaient, en juillet dernier, dicter à Paris un traité d'airain, semblable à ceux de Brest-Litovsk et de Bucarest, ont imploré de nous la fin de la guerre. Tandis que ces lignes s'écrivent, les cloches joyeuses et les canons en fête annoncent la signature de l'armistice, les drapeaux apparaissent aux fenêtres, les rues s'emplissent de Français dont les yeux brillent de fierté.

Dieu soit loué de mettre nos armes au repos, dans la gloire ! Le jour de saint Martin 1918 demeurera un fameux anniversaire.

D'autre part, que de problèmes redoutables se posent, dans toute l'Europe, et jusque dans les domaines lointains de l'ancienne Turquie d'Asie ! Depuis vingt mois, la Russie se débat dans l'anarchie ; sous le vent de la défaite, le trône des Hohenzollern s'est effondré et l'Autriche des Habsbourg est tombée en morceaux ; la Bulgarie est réduite à l'impuissance, l'empire ottoman se trouve démembré une fois de plus par l'épée des vainqueurs ; de jeunes nationalités cherchent leur statut politique en même temps que leurs frontières.

Au milieu de ces convulsions, où un ordre

ancien s'apprête à s'abîmer, quelle lumière souveraine doit éclairer la pensée des négociateurs de l'Entente ?

Le pape s'est avancé, la torche de l'Évangile à la main. Les chancelleries ont paru embarrassées ou irritées. On a compris pourquoi, lorsque l'indiscrétion des révolutionnaires russes a jeté au vent le traité dans lequel l'Italie s'était arrangée pour exclure le pape du futur Congrès de la paix,

Démasqués brusquement, les signataires ont eu honte. M. Sonnino a été plus gêné encore que lord Cecil, pour s'expliquer devant le Parlement. Et cette confusion publique donne la mesure de la faute commise. Mais l'odieux article 15 du traité de Londres (25 avril 1915) n'existât-il pas, il est à peu près certain que les portes du Congrès de la paix auraient été fermées à Benoît XV, par la logique laïque dont les rigueurs ont, en 1899, tenu Léon XIII à l'écart des Conférences de la Haye.

Il n'empêche que le Pontife romain est désigné, plus que tout autre souverain, pour être arbitre des conflits internationaux. Sa mission apostolique, son autorité dans l'Église universelle, le rôle historique de la papauté, devaient assurer à Benoît XV autre chose qu'une excommunication diplomatique.

En tous cas, le Congrès de Versailles ne saurait, sans se vouer à des erreurs fatales, méconnaître les principes proclamés à plusieurs reprises par le pape : respect de la justice, souci des légitimes aspirations des peuples, préoccupation de l'équilibre, désir de contribuer, par un culte plus absolu du droit — et même au prix de quelque sacrifice — à l'ordre harmonieux du monde.

Le traité qui va clore la guerre doit être le châtiment de l'injuste agresseur. Pendant quarante-quatre ans, l'Allemagne a imposé à l'Europe le fardeau grandissant de la paix armée et le cauchemar d'un conflit toujours imminent ; depuis 1914, elle a mené, en des conditions qui sont sa honte, une guerre longtemps rêvée, persévéramment préparée, déchaînée par elle, au moment de son choix. Cela se paie. Il faut que les perturbateurs du repos mondial soient mis, pour longtemps, dans l'impossibilité de nuire.

Toutefois, une simple liste de clauses vengeresses n'assurera jamais la paix. Un autre esprit que la vengeance doit régner dans l'âme des justiciers. On se souvient, mais on pardonne. On prend des sûretés, mais on ne refuse pas une place au soleil à ceux dont on a le plus souffert. Ainsi triomphe l'honneur et se fait la paix qui dure.

TABLE DES MATIÈRES

Imp. J. Mersch, 17, villa d'Alésia. - Paris - 14e. — 23507

MÊME LIBRAIRIE

Les luttes présentes de l'Église (*Pro Petri Sede*), par Yves de la Brière. — Deuxième série : Janvier 1913—Juillet 1914.

Table ; Livre Premier. *Direction romaine et Luttes françaises.* — La Politique religieuse de Pie X et l'Église de France pendant le Septennat du Président Fallières. — Les Groupements paroissiaux et les Unions diocésaines. — Les Œuvres d'Apostolat Catholique et le Centenaire d'Ozanam. — La « Jeunesse Catholique » au Vatican et la Réaction contre le Libéralisme. — La Question romaine et l'Indépendance pontificale. — L'Union des Catholiques pour la Défense de leurs droits. — L'Episcopat français et les Elections de 1914. — Les Directions doctrinales de Pie X et l'Obéissance des Catholiques. — Livre Second. *Autour de l'Ecole laïque. La Lutte des deux Cités.*— La Défense laïque à la Chambre. — Discussion générale. — Les Ecoles libres et le Budget. — Le Congrès de Caen. — La Question des Instituteurs — Les Griefs des Catholiques. — Le Conflit scolaire en Bretagne. — Les articles du Projet de Défense laïque. — Défense laïque et Caisse des Ecoles. — Votes sectaires de la Chambre. — Au Sénat. — Défense Catholique contre Défense laïque — Livre Troisième. *Leçons actuelles des Combattants d'hier.* — Louis Veuillot et son Centenaire. — La Politique religieuse de Louis Veuillot. — II La Célébration du Centenaire de Louis Veuillot. — Le R. P. Vincent de Paul Bailly.— Le R. P. Ambroise Matignon. — Paul Lerolle. — La Maison de la « Rue des Postes » — Épilogue. — Les derniers beaux jours du Pontificat de Pie X — Le Congrès Eucharistique de Lourdes : I. Les Réunions et les Solennités du Congrès ; II. La Doctrine de la Royauté sociale de Jésus-Christ d'après les travaux du Congrès eucharistique : La Signification religieuse et apologétique du Congrès de Lourdes.

1 vol. in-8 écu (viii-524 pp.), 6 fr. (*majoration comprise*) ; *franco*. . 6 50

Troisième série : Août 1914—Décembre 1915 (*Luttes de l'Eglise et Luttes de la Patrie*).

Table : La guerre et la doctrine catholique : le droit chrétien de la guerre : la vertu providentielle de la guerre. — L'avènement de Benoît XV. — La première encyclique de Benoît XV. — Les enseignements du Primat de Belgique : neutralité belge, morale et droit des gens ; le droit de la souveraineté légitime ; la rémunération providentielle des épreuves de la guerre ; la récompense des soldats tombés au champ d'honneur ; les espérances nationales de la Belgique, — Le nouveau « Pape noir » et la guerre européenne.—La charité chrétienne et française durant la guerre. — Les catholiques français aux catholiques des pays neutres. — L'attitude de Benoît XV à l'égard des belligérants : déclarations et interventions pontificales. Leur sens et leur motif . paroles de justice et message de paix.—Benoît XV et le rôle international de la Papauté ; le message chrétien de la paix ; les garanties de l'indépendance pontificale ; les garanties à venir du droit des gens ; la Papauté dans le concert des puissances — Appendice : La mort des martyrs et les espérances spéciales de salut pour l'âme des soldats tombés au champ d'honneur.

1 vol. in-8 écu (xv-401 pp.), 4 fr. 80 (*majoration comprise*) ; *franco* 5 »

Quatrième série : 1917—1918. — 1 vol. in-8 écu (*sous presse*).

DU MÊME AUTEUR : **La Société des Nations.**

Table. — Position actuelle du Problème. — La Chrétienté du Moyen-Age. — Le « Grand Dessein » de Henri IV. — Les Traités de Westphalie et l'Equilibre Européen — Le Congrès de Vienne et le Directoire Européen — Le Concert Européen depuis 1830. — Lois et Sanctions internationales. — La Paix perpétuelle et la Cité d'Utopie — La Papauté romaine et l'Ordre juridique international. — Indications bibliographiques. — Index des noms cités.

1 vol. in-8 couronne (viii-206 pp.), 3 fr. 60 (*majoration comprise*) ; *franco* . . . . 3 fr. 85

Imp. J. Mersch, 17, villa d'Alésia. - Paris - 14e.

Lightning Source UK Ltd.
Milton Keynes UK
UKHW012016021218
333216UK00014B/2429/P

9 780331 502794